神奇校车
漫游电世界

The Magic School Bus
神奇校车

漫游电世界

[美]乔安娜·柯尔 文 [美]布鲁斯·迪根 图 蒲公英童书馆 译

贵州出版集团
贵州人民出版社

感谢美国耶鲁大学电机工程和应用物理学教授马克·里德，米尔斯通信息与科学中心主任罗伯特·冯阿真，系列电视节目"神奇校车"的科学顾问迈克尔·坦普尔顿，他们仔细审阅了本书的文字和图画。

感谢布鲁斯·里德奥特，他花了大量时间和我们讨论交流电；感谢万·利库尔西，和我们分享了电动机的专业知识。

感谢斯蒂芬妮·卡尔曼森，她给予我们必不可少的支持；感谢比尔、谢里尔、查理、雷和凯西，亲自带领我们参观了美国康涅狄格发电厂的方方面面。

感谢汤普森编辑，她反复实验，发现我们原来绘制的电路不能使小灯泡发光，还发现磁针的摆动并不能表示一定有电流通过。

感谢麦克·汤伯顿帮我们完成了最后的设计。

Text Copyright © 1997 by Joanna Cole
Illustrations Copyright © 1997 by Bruce Degen
All rights reserved.
Published by arrangement with scholastic Inc., 557 Broadway, New York, NY10012, USA
SCHOLASTIC, THE MAGIC SCHOOL BUS,《神奇校车》and associated logos are trademarks and/or registered trademarks of Scholastic Inc.
本书由 Scholastic 出版社授权贵州人民出版社在中国大陆地区独家出版、发行

图书在版编目（CIP）数据

漫游电世界 /（美）柯尔著；（美）迪根绘；蒲公英童书馆译.
— 贵阳：贵州人民出版社，2010.12
（神奇校车·第1辑） ISBN 978-7-221-09170-3
Ⅰ.①漫… Ⅱ.①柯… ②迪… ③蒲… Ⅲ.①电学—儿童读物 Ⅳ.①0441.1-49
中国版本图书馆CIP数据核字(2010)第222237号

神奇校车·图画版⑨

漫游电世界

文 /[美]乔安娜·柯尔
图 /[美]布鲁斯·迪根
译 / 蒲公英童书馆
策划 / 远流经典　执行策划 / 颜小鹂
责任编辑 / 苏　桦　张丽娜　静　博
美术编辑 / 曾　念　王　晓　陈田田
责任校译 / 汪晓英　责任印制 / 孙德恒
出版发行 / 贵州出版集团　贵州人民出版社
地　址 / 贵阳市中华北路289号　电话 / 010-85805785（编辑部）
印　刷 / 北京国彩印刷有限公司（010-69599001）
版次 / 2011年1月第一版　印次 / 2014年2月第九次印刷
成品尺寸 / 252mm×212mm　印张 / 3　定价 / 12.00元
蒲公英童书馆官方微博 / weibo.com/poogoyo
蒲公英童书馆 / www.poogoyo.com
蒲公英检索号 / 110011109

如发现图书印装质量问题，请与印刷厂联系调换 / 版权所有，翻版必究 / 未经许可，不得转载

献给瑞秋——了不起的女孩。
——乔安娜·柯尔

献给特雷弗·加勒特，还有罗斯全家，特别是马特，是他打开了我和电力公司沟通的大门。
——布鲁斯·迪根

上课时,卷毛老师不时会看着窗外,自言自语地说:"她马上就要到了。"

"谁要到了?"我们一边列出教室里所有需要用电的东西,一边猜想着"她"是谁。

这些东西要用电

电灯　电脑　电扇　电视
录音机
门铃
挂钟
DVD播放机
校车蓄电池

像卷毛老师这样的人,再也找不到第二个了。

绝对是独一无二。

她的衣服也是……

多加小心　保证安全

电很有用,但也很危险

电可以伤到你,甚至电死你

用电的时候一定要小心!

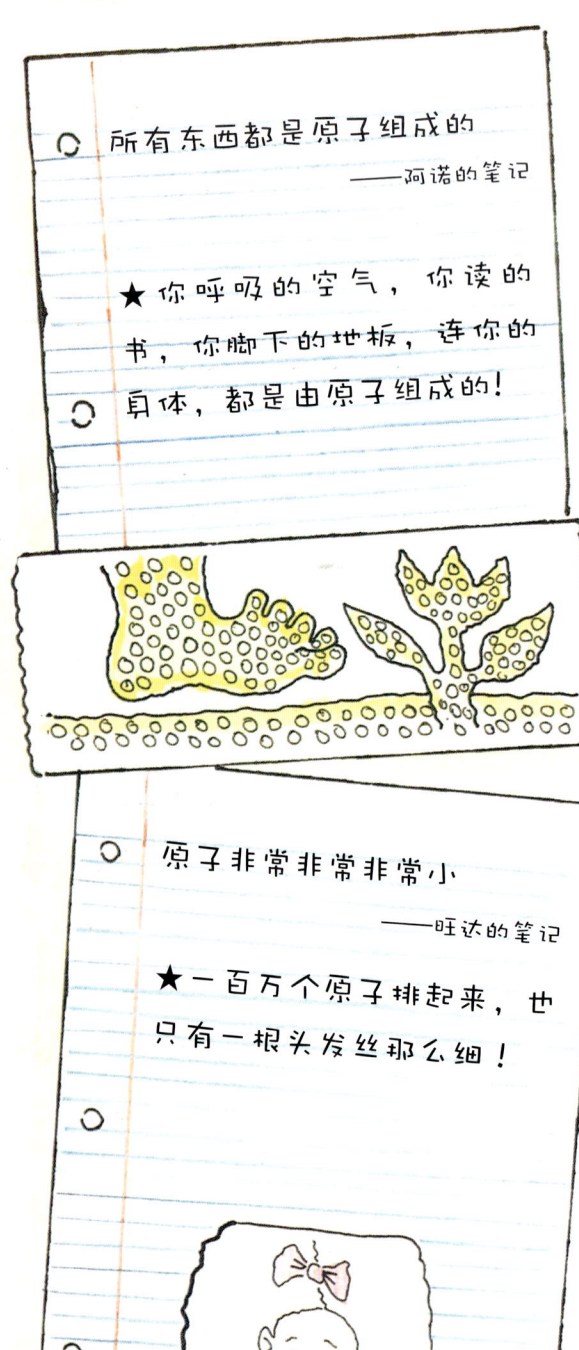

所有东西都是原子组成的
——阿诺的笔记

★你呼吸的空气,你读的书,你脚下的地板,连你的身体,都是由原子组成的!

原子非常非常非常小
——旺达的笔记

★一百万个原子排起来,也只有一根头发丝那么细!

就在这时,一个红头发的女孩侧手翻着筋斗进了教室。

"嗨,瓦莱丽姑姑。"红发女孩招呼着,走过去亲了亲卷毛老师的脸。我们惊奇地看着这一切。

卷毛老师介绍说:"这是我侄女,多蒂·弗瑞丝,她今天跟我们一起学习电的知识。"多蒂一听就兴奋不已,看来她和她姑姑一样热爱科学。

哇!我就是喜欢电!

首先,我们得从原子开始讲起。

噢!我就是喜欢原子!

这时,教室外面的天色变得越来越暗。不一会儿,豆大的雨点就啪嗒啪嗒地落了下来。

卷毛老师捡起一圈电线,说:"我剥开外面这层塑料,让你们看看里面的铜丝。"

这条金属线就是电子的通道,外面这层塑料皮把电子包裹在里面,这样我们就不会被电到。

哇!这就是电子的高速公路呀!

○ 有些材料是很好的通路!
——卡洛斯的笔记

★ 有些材料能让电流顺畅地通过,这是为什么呢?
因为这些材料的电子很容易脱离原子核,从一个原子跑到另一个原子里。这类容易导电的物体就是导体。

好的通路
金属 酸 水

★ 有些材料是很好的路障,把电流给阻挡住了!
它们的电子被原子核紧紧地拉住,没法逃脱。这类好的路障就是绝缘体

好的绝缘体
塑料 橡胶
木头 玻璃 空气

做一个迷你发电厂
——拉尔夫的笔记

★材料：两米长的细铜丝、条形磁铁、电流表。

★做法：
1. 把细铜丝绕成一个铜线圈（大约15圈）；
2. 把铜丝的两头接到电流表上；
3. 让条形磁铁在铜线圈里来回地移动。

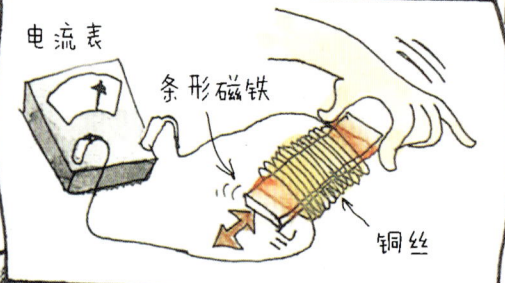

★结果：电流表的指针移动啦！

★为什么会这样？

因为移动的磁铁使铜线圈产生了感应电流。电流使电流表的指针移动。

电和磁之间有一种很特殊的关系

磁能产生电

卷毛老师说，有一种方法可以产生电流，就是在金属线的旁边移动磁铁。

于是，我们就在教室里制造了一个小小的发电机。它真的产生电流了。

我们的迷你发电厂只能使电流表上的指针移动一点点，而发电厂可是给整座城市供电的呢！

你是说，只要在金属丝旁边移动磁铁，就能让电子流动起来？

没错，拉尔夫，那需要有一条连续的、完整的电路，也就是说金属丝不能断。

如果电路中断，指针就不会动！

○ 问题：什么是闪电？
答案：闪电也是电！
——菲比的笔记

★当暴风雨来临时，多余的电子附着在水滴和冰晶上。当这些带电的水滴和冰晶越聚越多时，它们就会突然跳出来，形成一道闪电！

与闪电保持距离

在电闪雷鸣的天气里……
——别在户外停留，赶紧躲进屋子或汽车里
——不要使用电话
——不要使用电器
——不要靠近水

转眼间，我们就上路了，去看看究竟是什么引起的断电。很快，我们就发现了问题所在。

原来，刚才的闪电击中了一棵大树，这棵树倒下时压断了一根电线。那根电线的断裂处正火花四溅呢！

电流的路线被切断了，电子没法跑到学校去了！

正需要电子的时候，它们跑哪儿去啦？

哇!!!

"救命啊!赶紧离开这儿吧!"我们吓得大喊。
卷毛老师一刻也没有迟疑,掉转车头,带我们离开了这个危险之地。

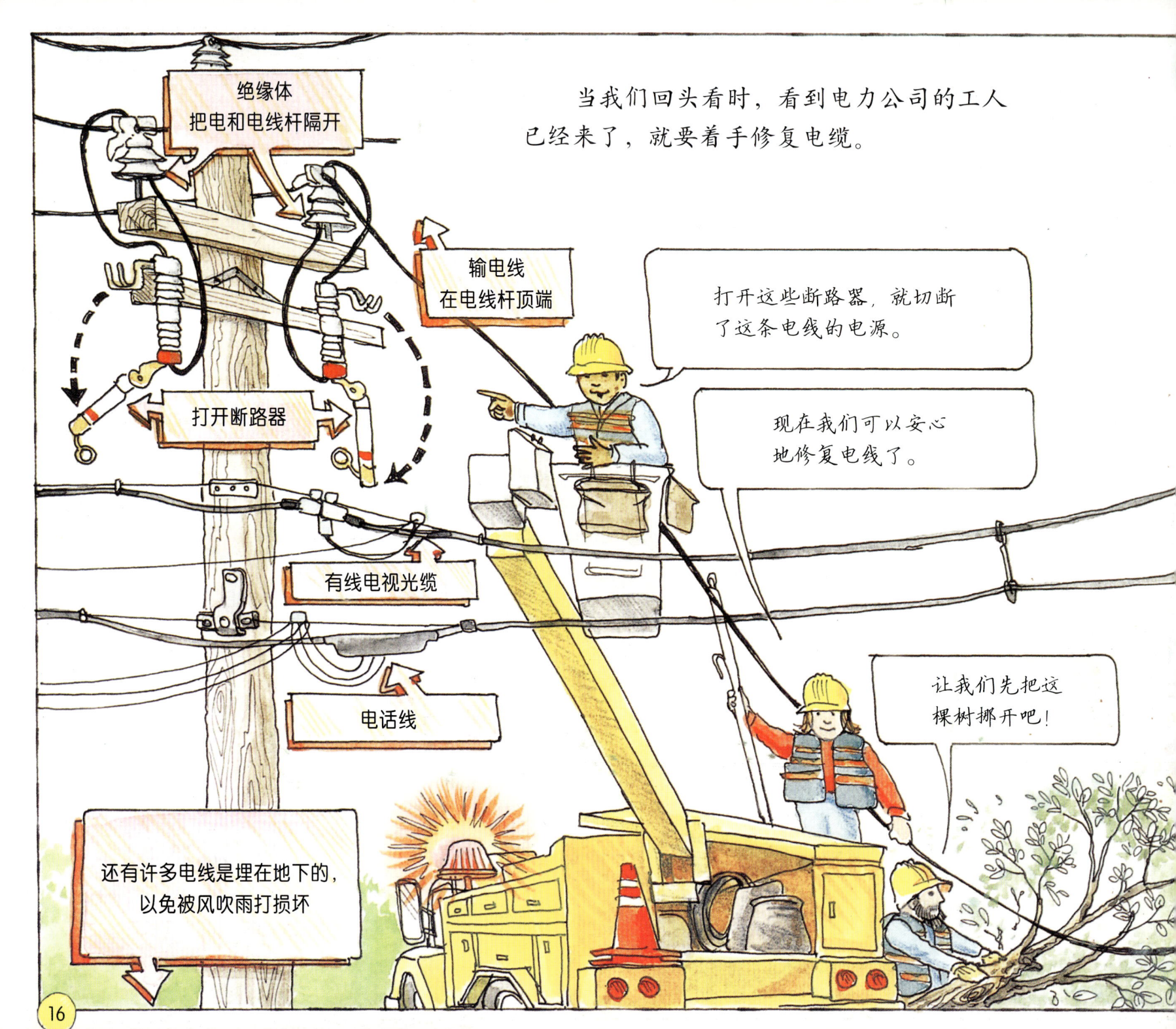

校车行驶的前方，就是我们这个城市的发电厂，它里面有很多建筑物，就像一个小型的城市。卷毛老师告诉我们："同学们，这些建筑里面安装的是发电设备。"

"噢！我们赶快进去参观一下吧！"多蒂提议说。

"真是一个好主意！多蒂。"卷毛老师赞赏说，"大家都坐稳了！"

长大后，我要和姑姑一样！

别着急，你已经离她不远了。

如何修理断落的电线

① 首先，确定所有的短路器都已经打开，保证在电源切断的情况下开始工作。

② 然后，将电线断掉的两头拉到一起。

③ 下一步，把电线接起来。
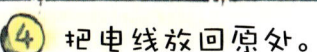
接合器就像一种手指玩具——你把手指插入两端，越往外拉，它就把手指夹得越紧。
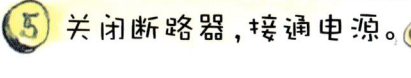

④ 把电线放回原处。

⑤ 关闭断路器，接通电源。
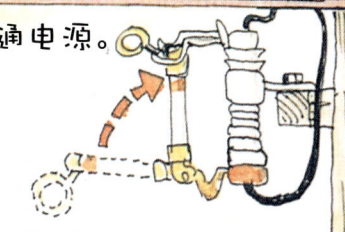

⑥ 修理完毕，接着去下一站！

发电厂"热气腾腾"
——约翰的笔记

★ 大多数发电厂都是用热能来发电的。它们使用的燃料有煤炭、石油和天然气等。

好消息
火力发电厂能提供大量的电能

坏消息
它们会对环境造成污染

★ 也有些发电厂利用核反应产生的热能来发电。

好消息
核电厂能产生大量电能，而且也不会造成污染

坏消息
它们会留下核废料

同学们，燃料就是产生能量的原料。

我以前读书的学校绝对不会把我们拿去当燃料的。

到了发电厂后，卷毛老师给每个人发了一件防火服，还说："我们要从燃料供应处开始参观！"

她按下仪表板上的一个小按钮，校车立马变成了一辆翻斗卡车。"传送开始啦！"卷毛老师欢呼着。

看到她如此兴奋，大家都开始担心起来。

翻斗车的车厢翘了起来,我们从输煤槽翻滚下去,落到了煤仓里,又滑进了熊熊燃烧的火炉里。

卷毛老师说:"看看这些热量,都去发挥什么作用了?"

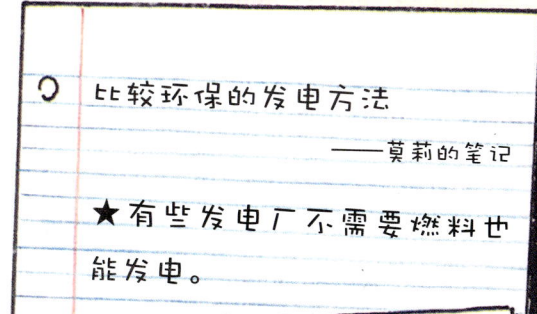

比较环保的发电方法
——莫莉的笔记

★ 有些发电厂不需要燃料也能发电。

太阳能发电厂
利用太阳的热能发电

地热发电厂
利用地下的热能发电

水力发电厂
利用水的落差发电

风力发电厂
利用风力发电

潮汐发电厂
利用潮汐的能量发电

好热闹的烧烤盛会啊!

有谁带热狗了吗?

坏消息
现在这些能源还无法满足我们人类所有的用电需求

好消息
人类能找到更好的方法,来获取无污染的能源

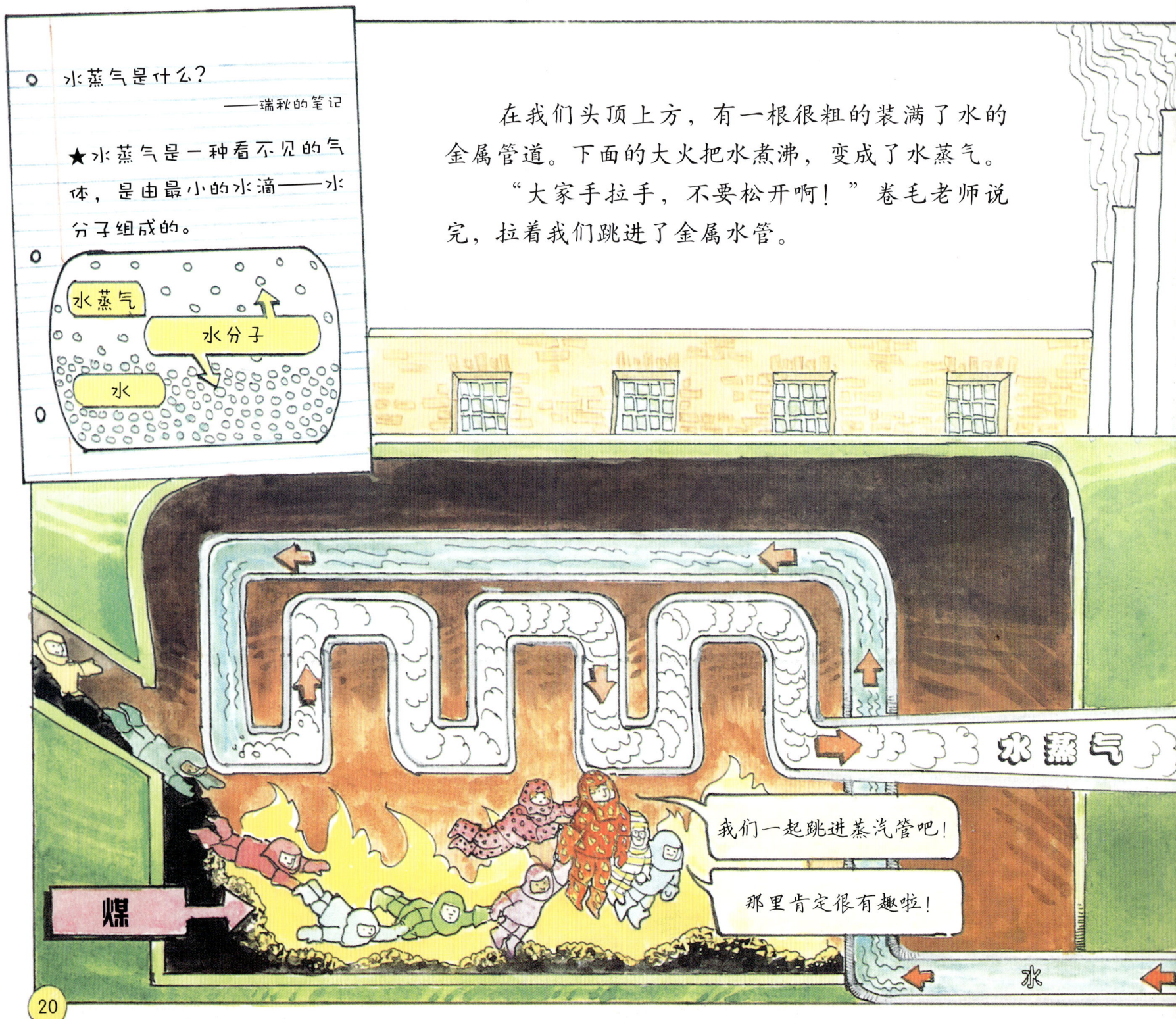

不一会儿，我们都进入了蒸汽管，水蒸气带着我们高速前进……

"我们马上就可以知道这些水蒸气有什么用处啦！"卷毛老师大声说着。我们穿过蒸汽管道，进入了发电厂的另一个机房。

○ 水蒸气可以用来工作
——雪莉的笔记

★ 当水蒸气在一个密封的容器里被加热时，会产生向外推的压力。我们可以利用这种压力做很多事情。

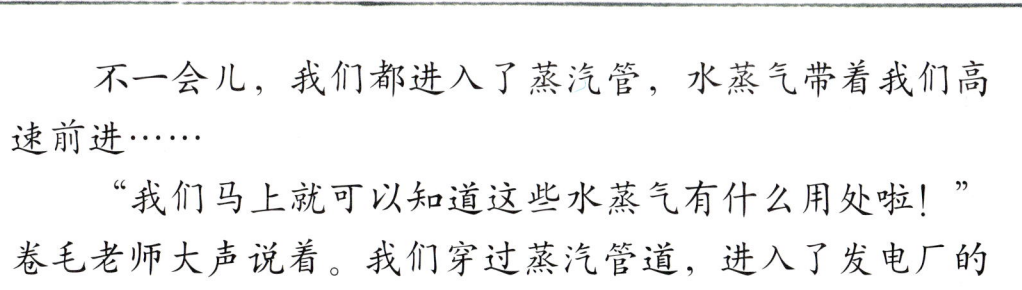

水蒸气的推力真大呀！

把盖子都推开了呢！

哇！简直就是"一头雾水"啊！

同学们，这是高压水蒸气。

压力总是让我感到紧张。

蒸汽管 | 锅炉 | 涡轮机 | 发电机

我们现在在这儿呢！

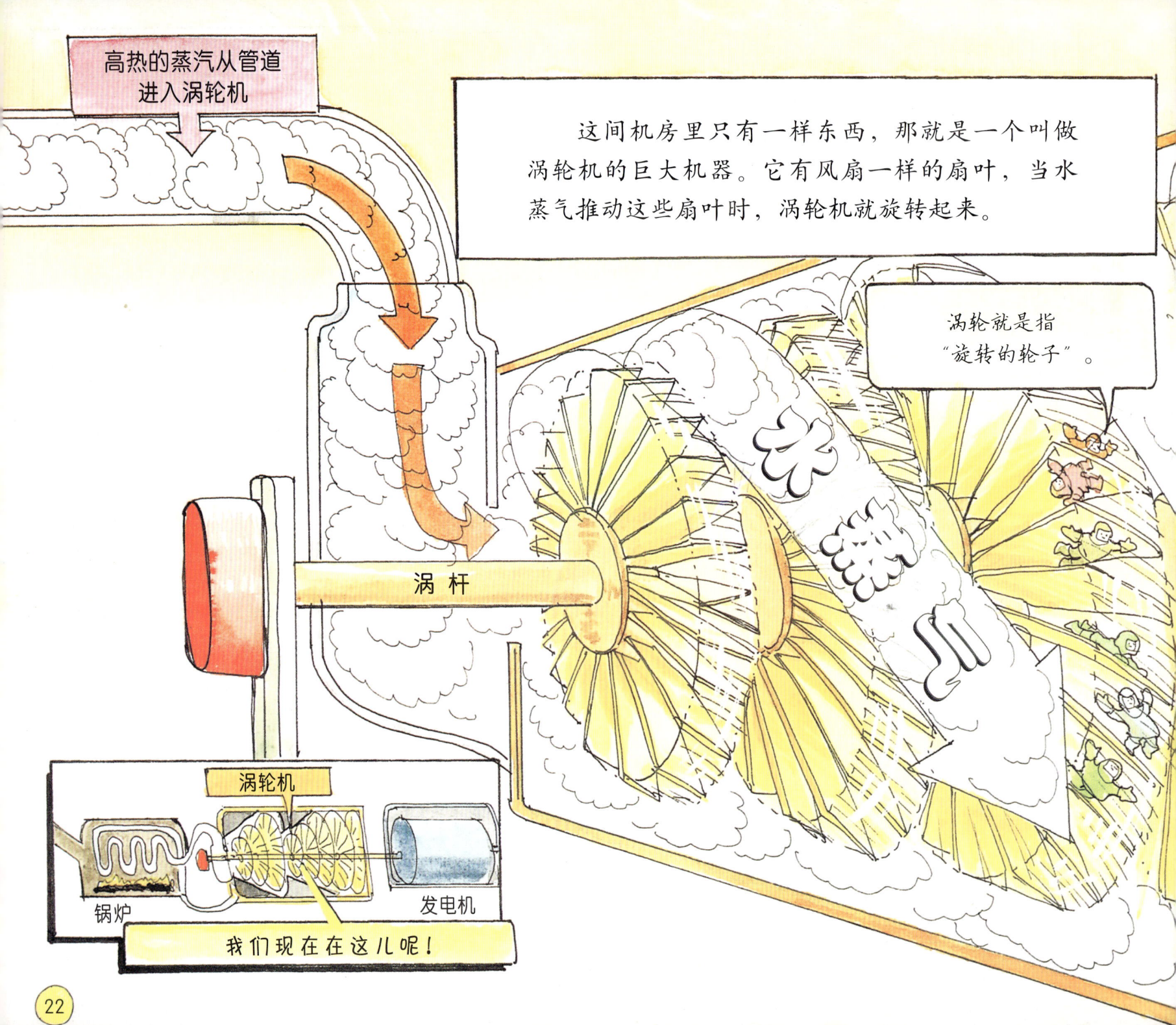

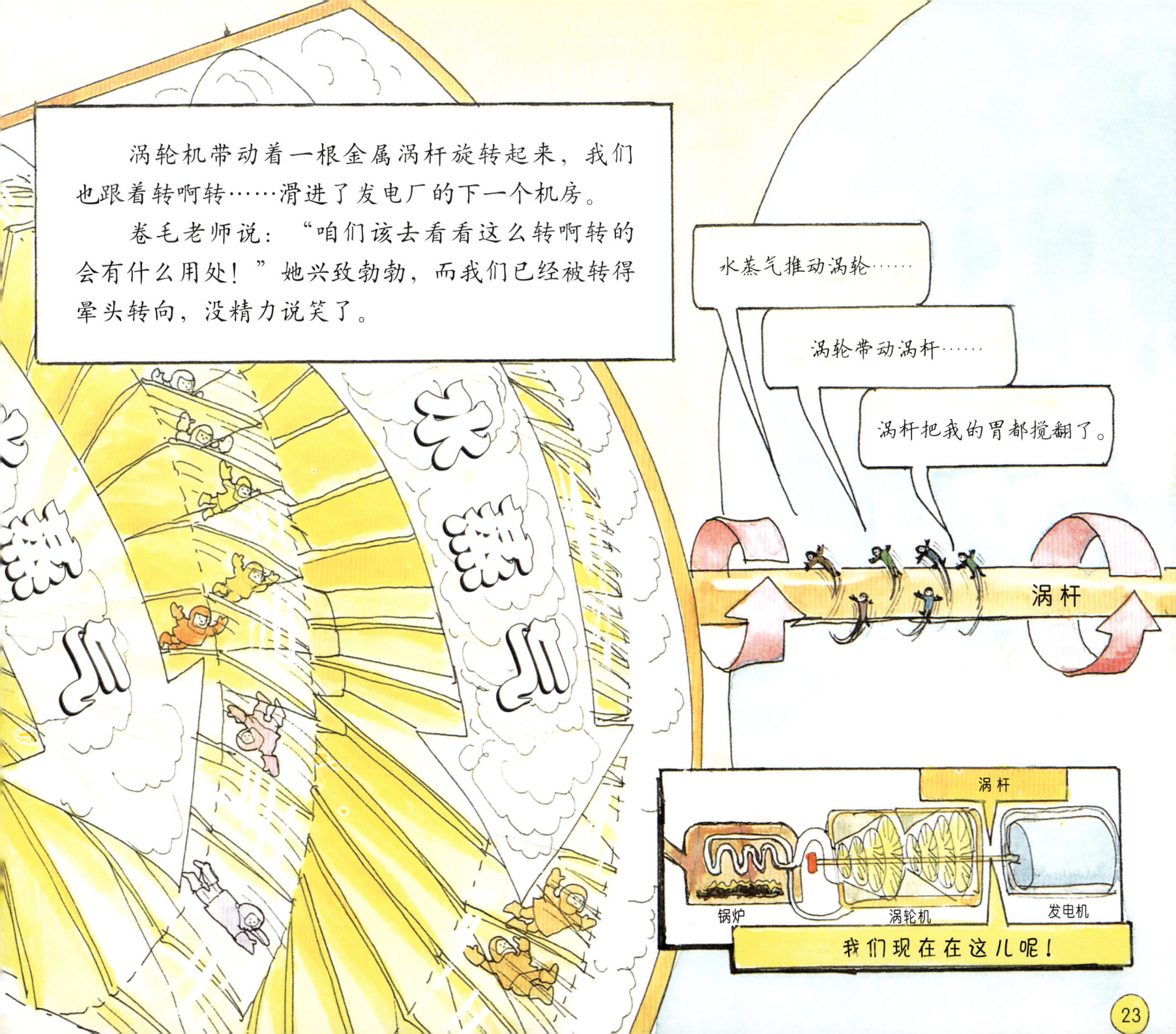

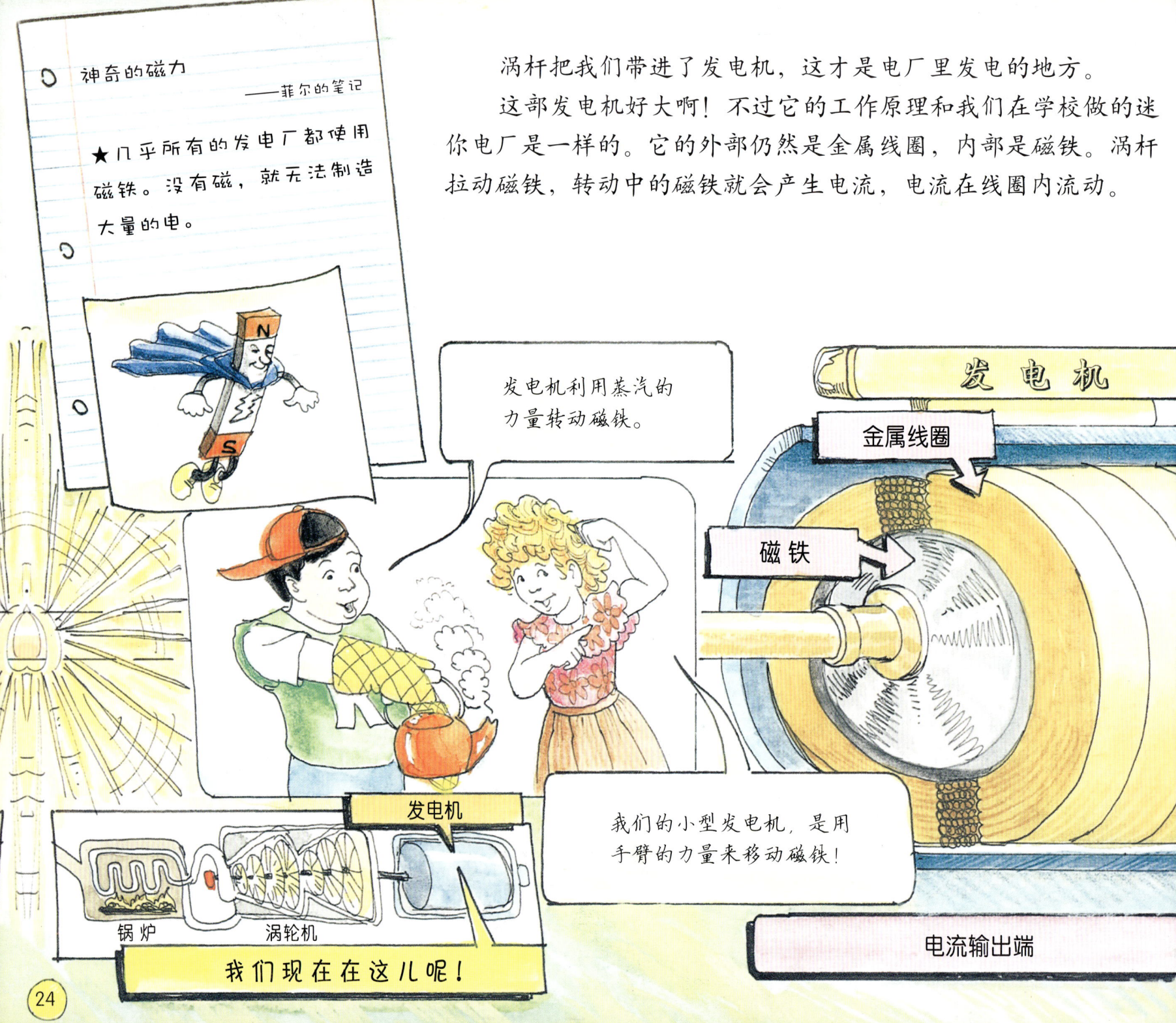

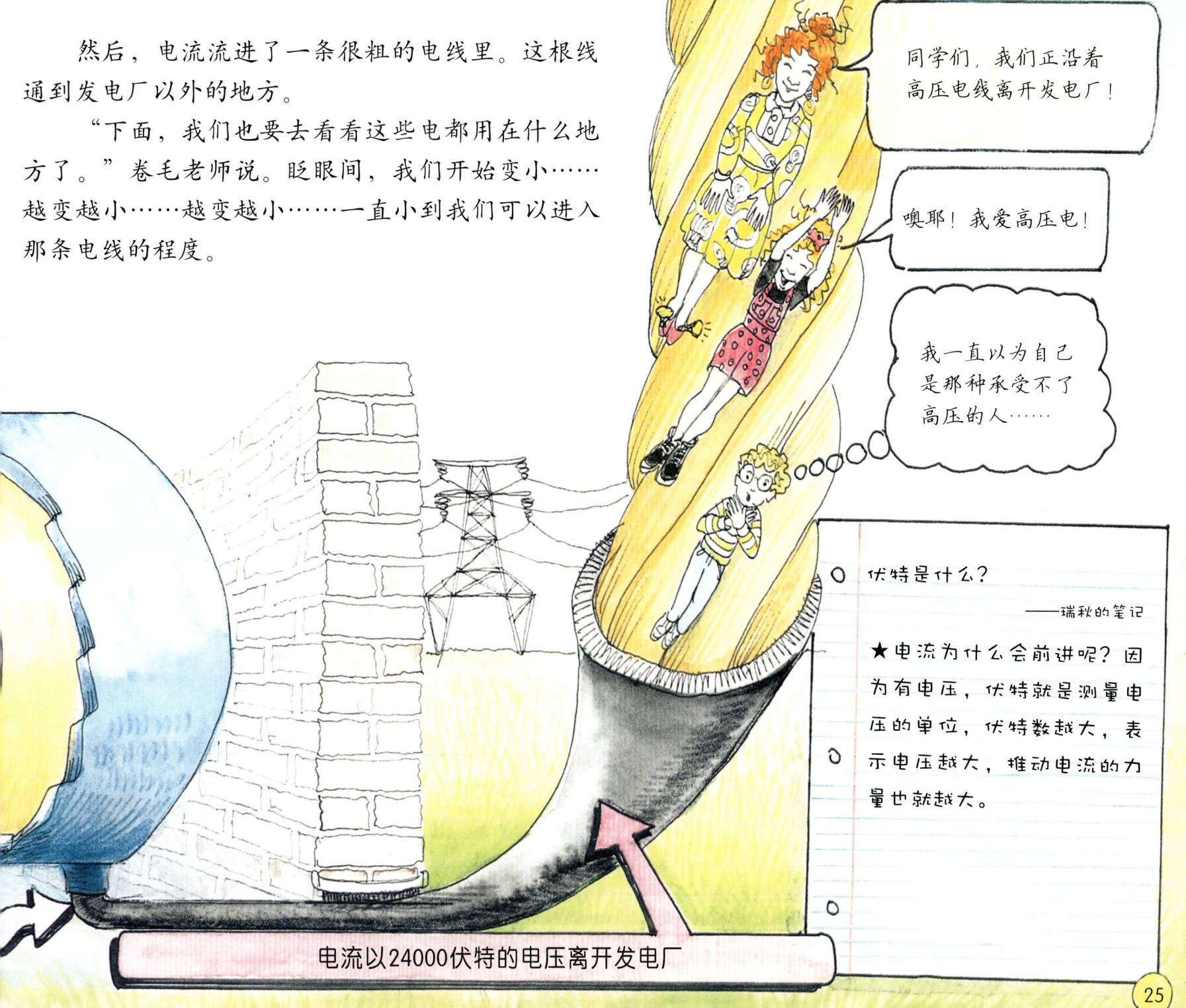

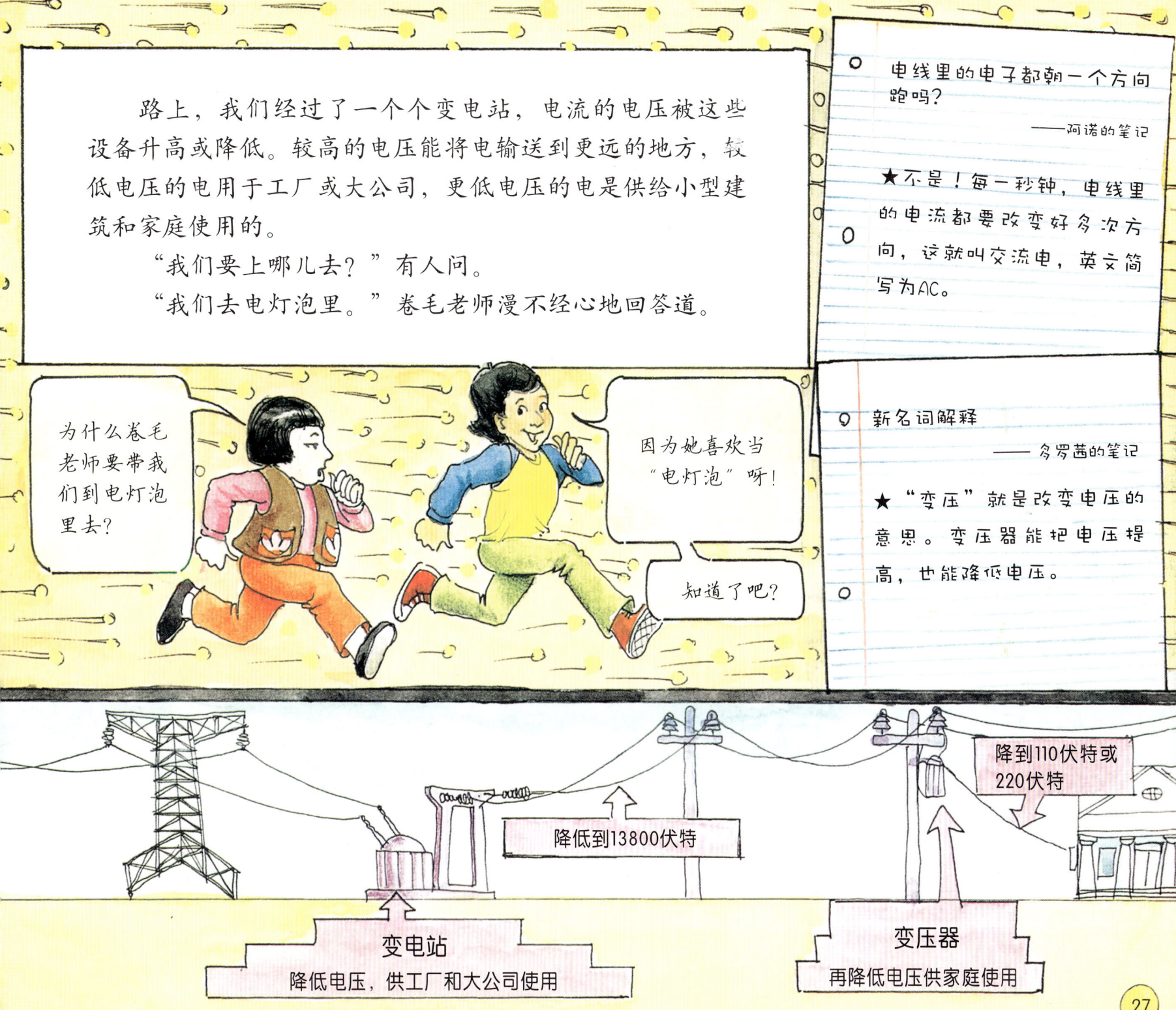

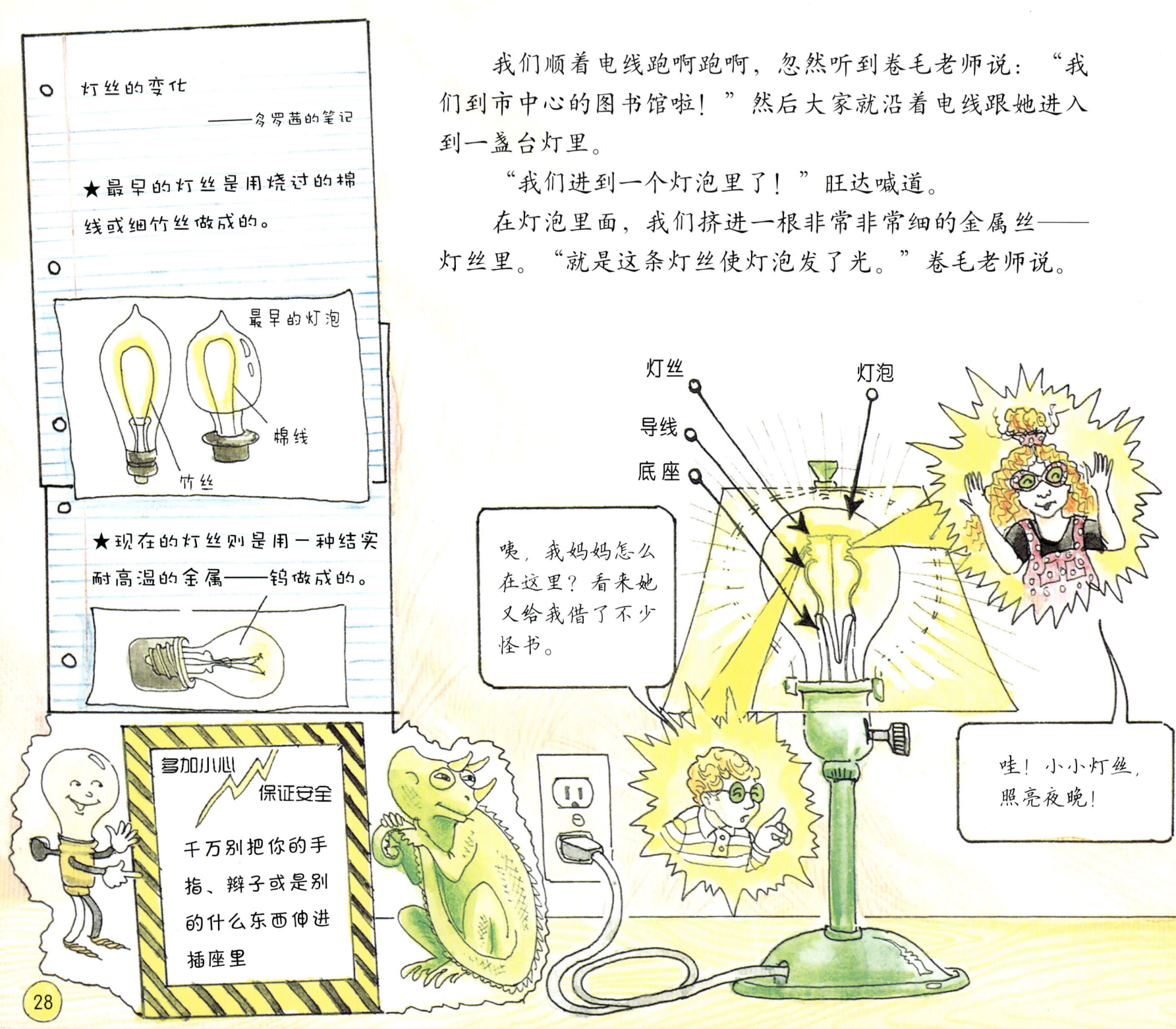

一瞬间,无数个电子都涌向了细细的灯丝,受热的灯丝一下子达到了白热化的状态。当物体处于白热化的状态时,就会燃烧发亮。

我们嗖地钻进了灯丝,嗖地又出来了,根本来不及把太阳镜戴上,更没机会停下来借书,就匆匆离开了图书馆。

蒲公英童书馆
来书海中冲浪吧!

啊!

奎金先生,你的台灯刚才对我说话了!

别紧张嘛!也许它只是跟你友好地打个招呼。

奎金先生
图书管理员

烤面包机正在烤面包片。这倒提醒了我们，不是已经到了吃午餐的时间了吗？

但卷毛老师丝毫没有停下来的意思，也许她不饿吧。离开加热器，她又带我们往电线里冲去。

"走，咱们现在去拜访一户人家。"卷毛老师忽然来了个急转弯。

菲比自言自语着："哦，要去谁家呢？"

金枪鱼三明治，谢谢！

来两份，老板！

来不及了，我们已经出来了。

唉，对我们来说，快餐店也不够快啊！

能加热东西的电器，里面大都含有加热器

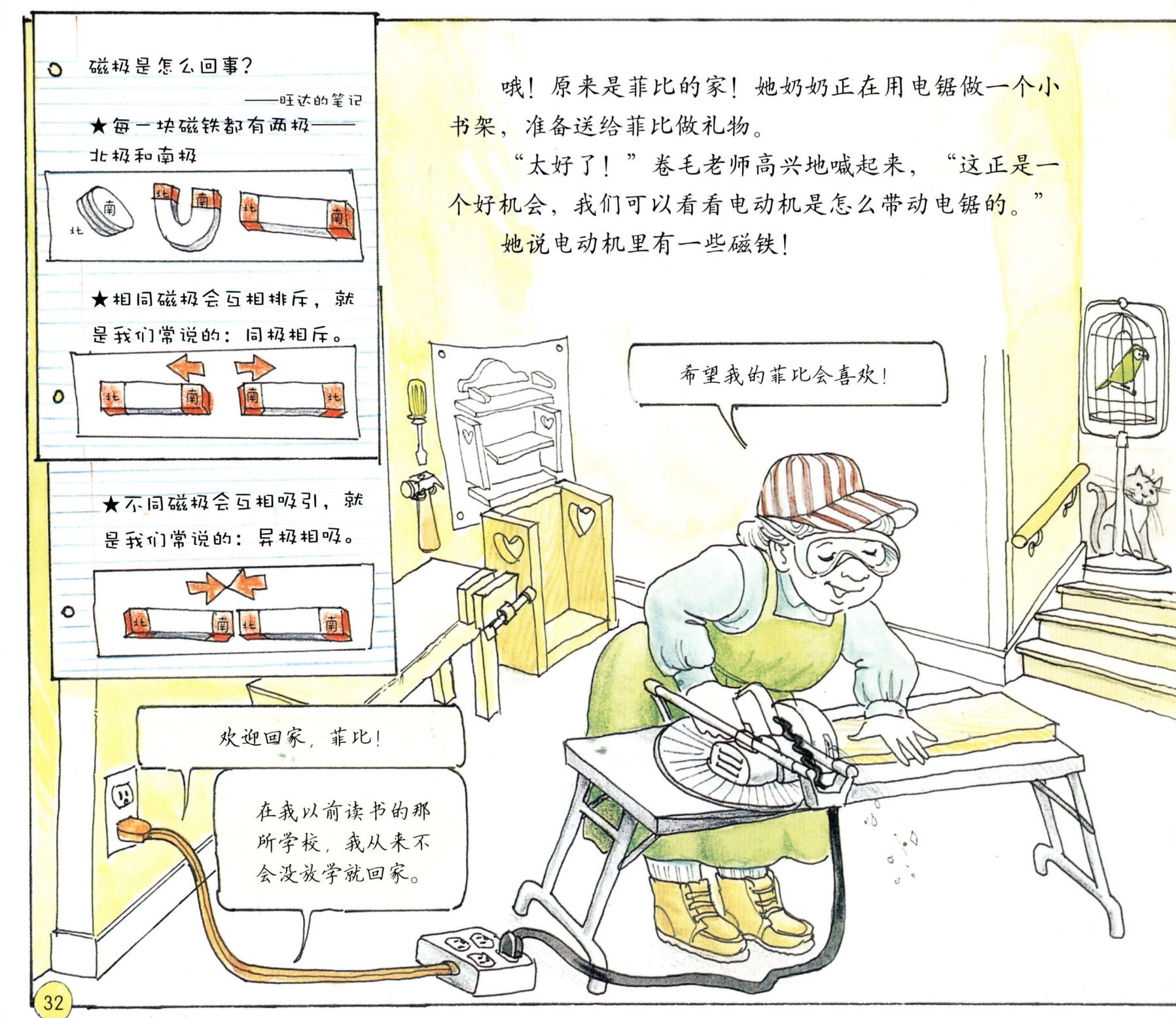

"还记得我们是怎么利用磁铁来产生电流的吗？"卷毛老师说，"现在反过来啦！电流能把一块普通的金属变得有磁性，这种磁铁就叫做'电磁铁'。电磁铁能使电动机转动。"

电动机需要磁铁！

噢！磁铁太吸引人了！

也许吧……如果你是枚回形针的话……

○ 怎么制作电磁铁？

——蒂姆的笔记

★在一块铁或钢上缠很多圈电线，当电流经过电线时，这块铁或钢就变成了一块电磁铁。

通电

电磁铁吸住了回形针

断电

回形针落了下来

★当电流中断时，金属的磁性就消失了。

能转动的电器……

一般都有电动机。

"现在一起去电动机里参观吧!"卷毛老师召唤大家。

我们随着电线进入了电动机。天啊!那里边转得简直让我们头晕眼花!

电动机,就是用电能驱动的机器。

哇!真是个充满动感的好地方啊。

电动机是怎么工作的?

电动机里的电磁铁,使机器转动!

1. 电磁铁被牢牢地固定在电动机的定子上,定子是不会移动的。

2. 还有一块真正的磁铁,被固定在电动机的转子上,转子是会转动的。

3. 接通电源后,定子上电磁铁的北极吸引转子上磁铁的南极,转子就开始转动了。

一个叫做转子的圆柱形物体在快速地转动着。转子连接着转轴，转轴连接着电锯的锯齿。

当转子转动时，电锯的锯齿也会跟着旋转，这样电锯就能锯开木头了。

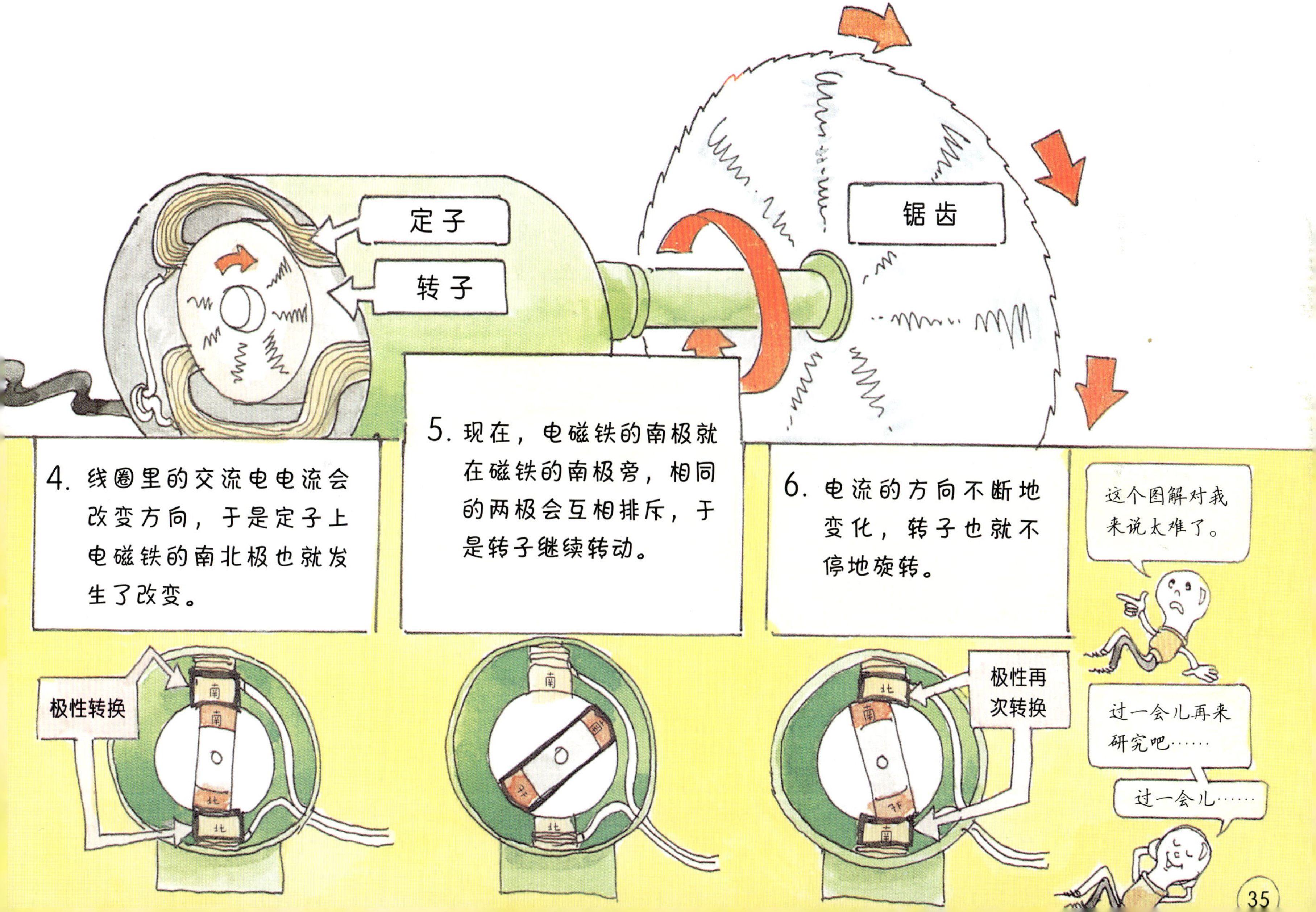

定子

转子

锯齿

4. 线圈里的交流电电流会改变方向，于是定子上电磁铁的南北极也就发生了改变。

5. 现在，电磁铁的南极就在磁铁的南极旁，相同的两极会互相排斥，于是转子继续转动。

6. 电流的方向不断地变化，转子也就不停地旋转。

极性转换

极性再次转换

这个图解对我来说太难了。

过一会儿再来研究吧……

过一会儿……

"抓紧点，同学们！"卷毛老师说，"我们不能错过这个好机会！"

她带我们从电锯的插座进到墙里，从另一个插座进入了吸尘器的电线里。

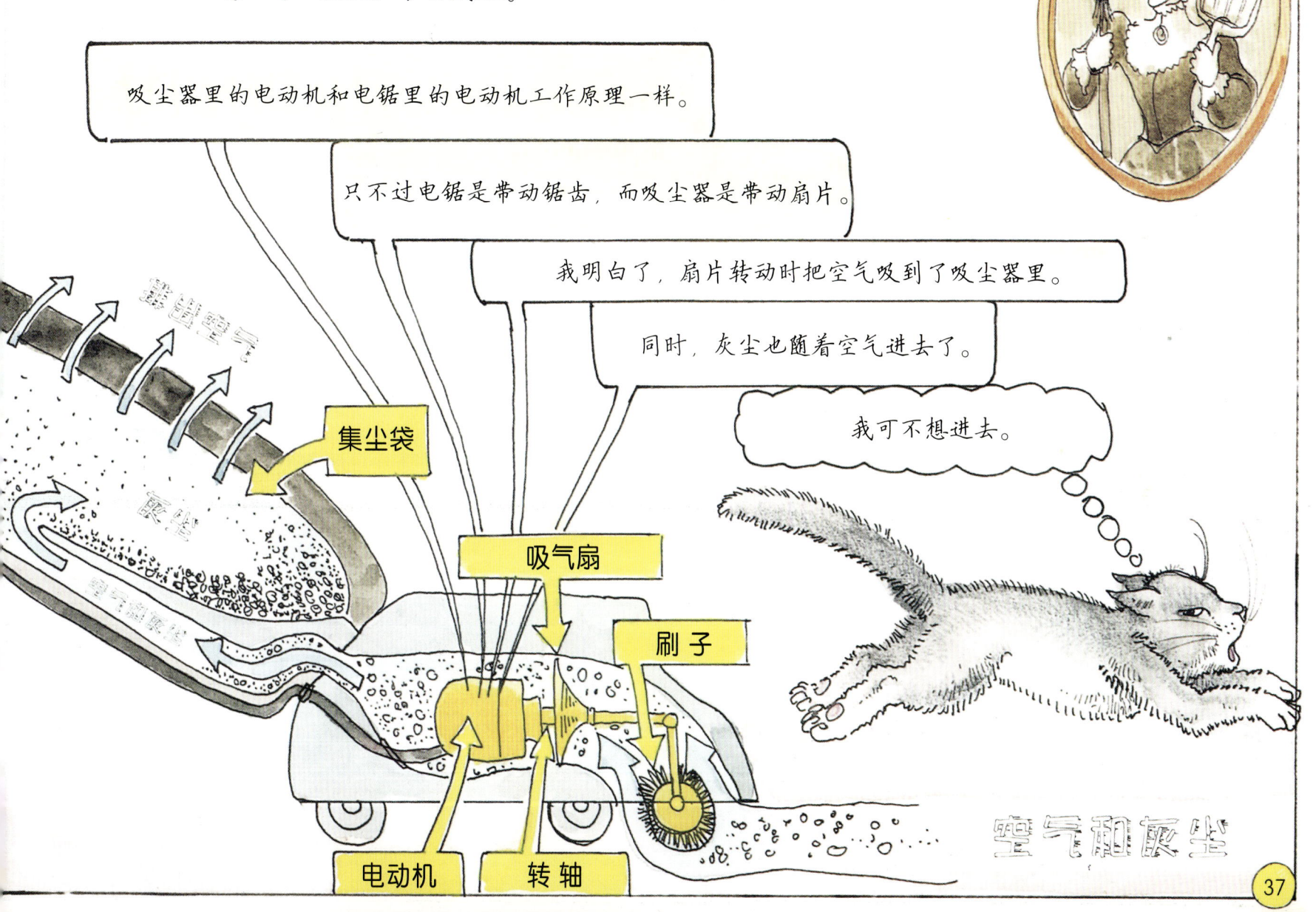

> 吸尘器里的电动机和电锯里的电动机工作原理一样。

> 只不过电锯是带动锯齿，而吸尘器是带动扇片。

> 我明白了，扇片转动时把空气吸到了吸尘器里。

> 同时，灰尘也随着空气进去了。

> 我可不想进去。

集尘袋

吸气扇

刷子

电动机

转轴

空气和灰尘

○ 开关是怎么工作的？
——阿历克斯的笔记

★ 在电器里，电线靠两块叫触片的金属片连通。

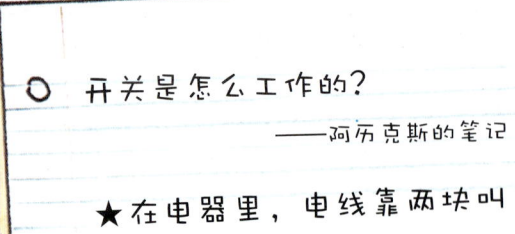

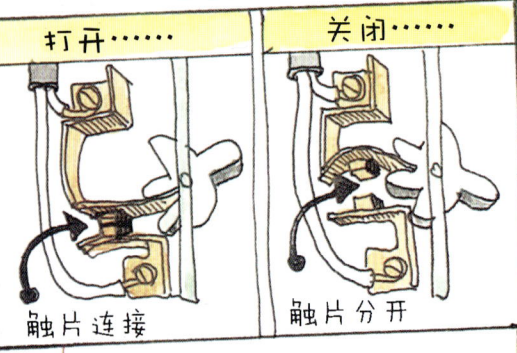

打开……	关闭……
触片连接	触片分开

打开电源！

★ 当你打开开关时，两块金属触片就会连接起来，在电线之间架起一座"桥"，让电子通过，电器也就能工作了。

关闭电源！

★ 当你关掉开关时，两块金属触片分离，"桥"断了，电子不能通过，电器就停止工作了。

我们正准备离开时，爷爷用完了吸尘器，关上了开关。

关闭开关，就是造成电路中断，电不能通过，电动机就停止了转动。

我们该走了！

想得美，谁也走不成了！

卷毛老师也被困住了！

这倒是很稀奇的事！

灯泡的开关也是这么工作的吗？

是的，所有的开关都是。

金属触片

断路

金属触片

我们对爷爷大喊大叫，可他怎么听得见呢？

菲比担心起来，放学后她还要参加空手道班，其他的同学则要参加足球赛。

可是现在，我们都困在了吸尘器里！

老爷爷快救救我们！

没用的！他电视看得正起劲呢！

嘿，至少他看的是教育节目，好歹也能学习学习！

显像管电视机怎样工作？——凯莎的笔记

1、电视台发射信号。

2、信号在你家的天线或缆线里造成微小电流。

3、小电流控制电视机显像管里的电子枪。

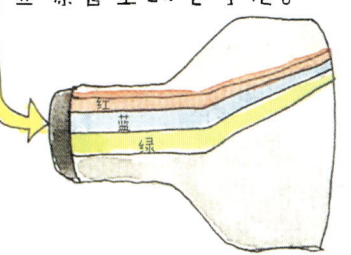

4、电子枪把电流内的电子发射到荧幕背面。

5、荧幕背面喷着数以千计的荧光粉小点。荧光粉是一种化学物质。

6、当电子击中这些荧光粉小点时，它们就会发光。

7、这些发光的荧光粉小点就在荧幕上组成图像。

看到我了吗？

突然，我们听到了狗叫声。

原来是菲比的小狗在花园里刨完了土，带着一身的泥土跑进了屋里，还在地板上惬意地打起了滚儿。

> 看吧，我就说他是小脏狗！

> 地毯也遭殃啦！

> 看来吸尘器今天有得忙了！

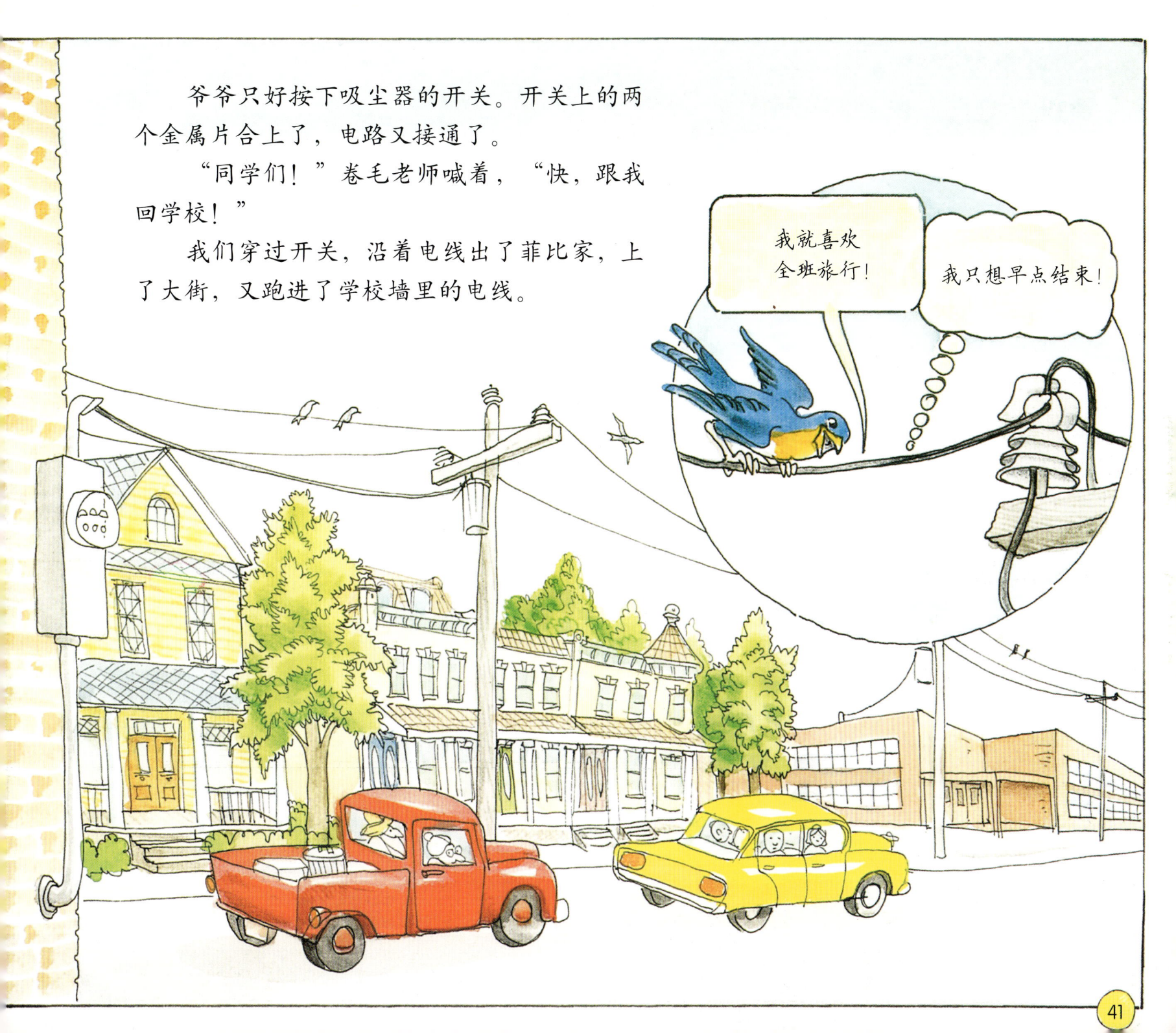

爷爷只好按下吸尘器的开关。开关上的两个金属片合上了，电路又接通了。

"同学们！"卷毛老师喊着，"快，跟我回学校！"

我们穿过开关，沿着电线出了菲比家，上了大街，又跑进了学校墙里的电线。

我就喜欢全班旅行！

我只想早点结束！

多加小心　保证安全

千万不要使用破损或裂开的电线

我们通过一个插座，进入了一台地板打蜡机的电线。

接下来也不知怎么回事，我们突然从电线的塑料外皮上的一个小洞里钻了出来。

哇，我又变大啦！

哈，我也是！

谢天谢地！

蒲公英科学博览会　让你充足电

大家又变回原来的样子了，卷毛老师领着我们进了教室。

后勤办公室
约翰逊先生

约翰逊先生，你最好赶紧修修这条磨破的电线，要不然会触电的哟！

是吗？

都裂开啦！

这一天的经历太丰富了!

我们进过火炉,钻过电线,和比原子还小的电子亲密接触,还对家用电器的另一面——里面,有了新认识!

谢谢大家,我要走了。今天的旅行很愉快、很来电!

再见,多蒂,下次再来呀!

我们的发电厂之旅

① 煤烧开水产生水蒸气

② 水蒸气推动涡轮机

③ 涡轮带动涡杆

④ 涡杆转动磁铁

班上的一切又恢复了正常,当然……卷毛老师除外!

⑤ 产生电流

灯泡小花
——卡洛斯创作

快看她的裙子!

啊!我又预感到了麻烦!

课后作业,明天交!

这些电器都是怎么工作的呢?选出正确答案。

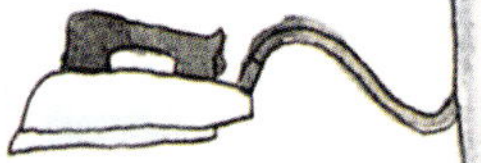

它能变热,是因为有:
A. 小猫
B. 加热器
C. 羊毛袜

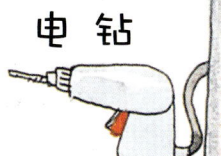

熨斗

它能钻,是因为有:
A. 电动机
B. 橡皮筋
C. 玩具鸭子

电钻

它能加热,还能转动小风扇,是因为有:
A. 加热器和调皮鬼
B. 调皮鬼和电动机
C. 加热器和电动机

吹风机

认清现实!

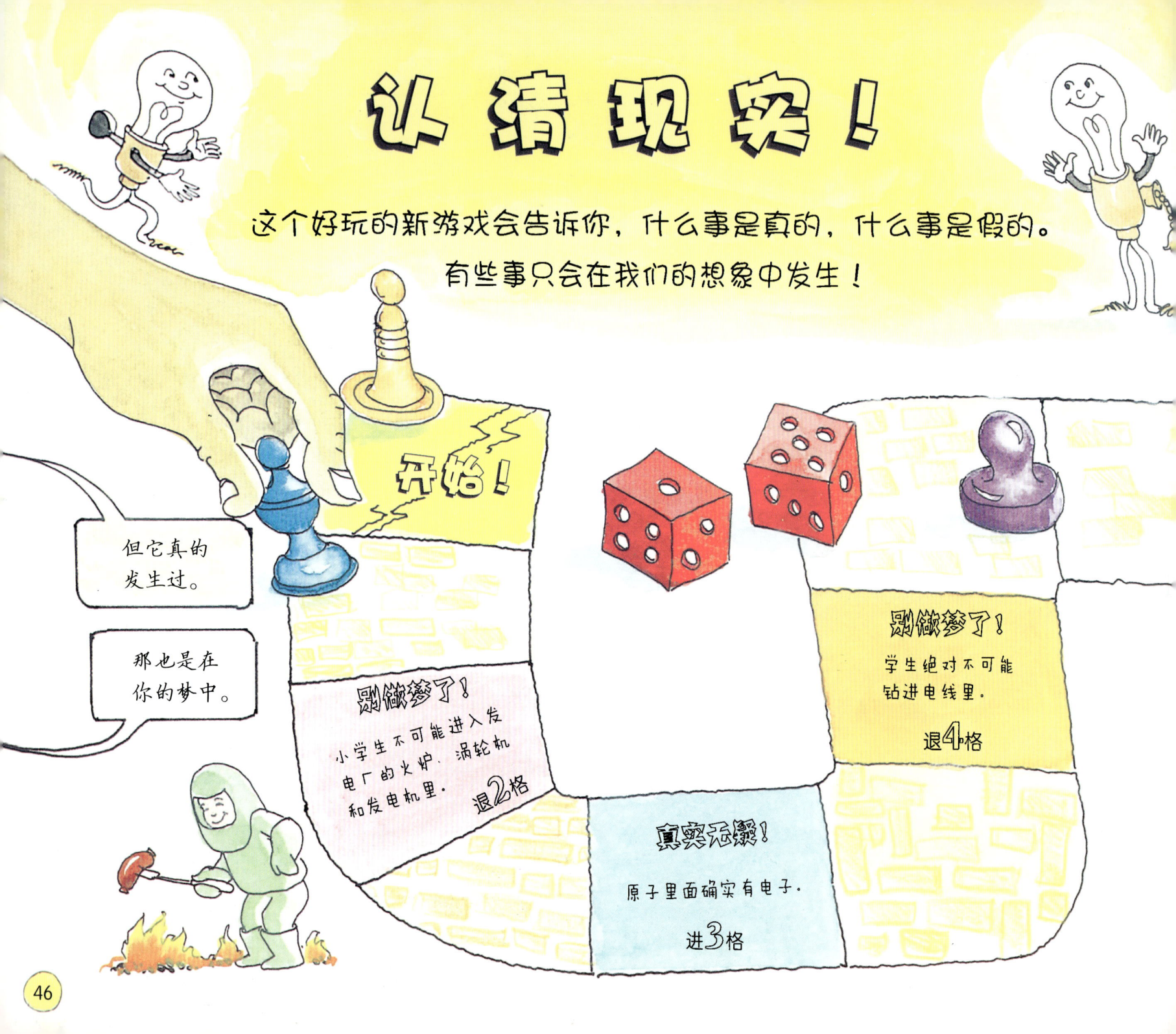

这个好玩的新游戏会告诉你,什么事是真的,什么事是假的。有些事只会在我们的想象中发生!

但它真的发生过。

那也是在你的梦中。

开始!

别做梦了!
小学生不可能进入发电厂的火炉、涡轮机和发电机里。
退2格

真实无疑!
原子里面确实有电子。
进3格

别做梦了!
学生绝对不可能钻进电线里。
退4格

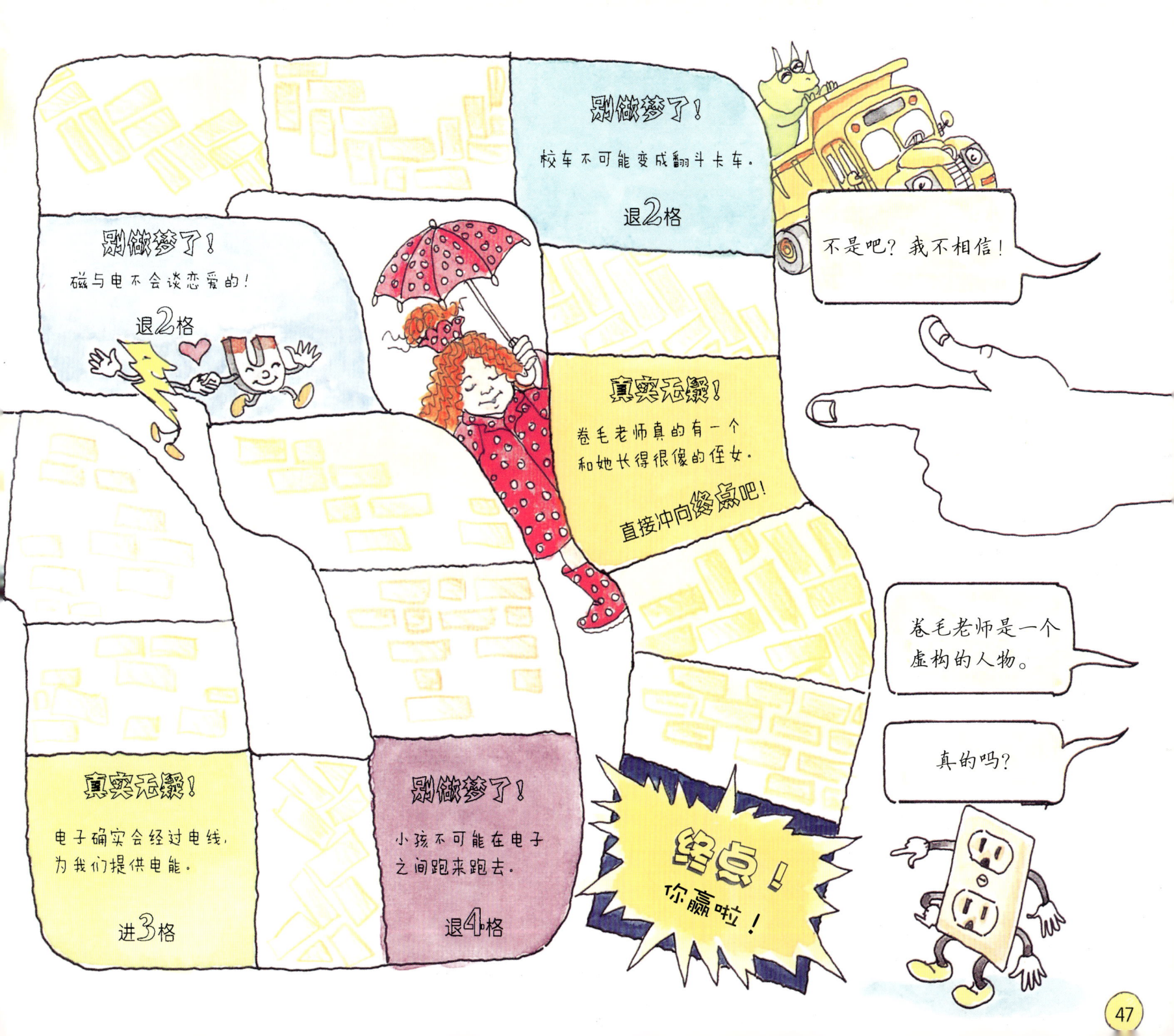

别做梦了！
校车不可能变成翻斗卡车。
退 **2** 格

别做梦了！
磁与电不会谈恋爱的！
退 **2** 格

真实无疑！
卷毛老师真的有一个和她长得很像的侄女。
直接冲向终点吧！

不是吧？我不相信！

卷毛老师是一个虚构的人物。

真的吗？

真实无疑！
电子确实会经过电线，为我们提供电能。
进 **3** 格

别做梦了！
小孩不可能在电子之间跑来跑去。
退 **4** 格

终点！
你赢啦！

47

关于电，我们还想知道……

——卷毛老师的学生

电池怎么储存电能？

——旺达

用电池做实验，怎样才能既有趣又安全？

——阿诺

太阳能发电机是怎么发电的？

——蒂姆

什么是静电？

——卡洛斯

日光灯是怎样发亮的？

——多罗茜

我的大脑里有电吗？

——菲比

电脑是怎么工作的？

——拉尔夫

这些有关电的名词是什么意思：
瓦特 安培 欧姆
交流电 直流电

——拉尔夫

为什么沾上水，电就会很危险？

——凯莎

为什么绝对不能在电线杆附近放风筝？

——瑞秋

奎金先生
图书管理员

神秘的古埃及